www.ingramcontent.com/pod-product-compliance
Lightning Source LLC
LaVergne TN
LVHW010438070526
838199LV00066B/6067
9789369085897

نقش دوام

(رباعیات، قطعات)

صادق آندوری

© Taemeer Publications LLC
Naqsh-e Dawaam *(Poetry Collection)*
by: Sadiq Indori
Edition: January '2025
Publisher :
Taemeer Publications LLC (Michigan, USA / Hyderabad, India)

ISBN 978-93-6908-589-7
9 789369 085897

مصنف یا ناشر کی پیشگی اجازت کے بغیر اس کتاب کا کوئی بھی حصہ کسی بھی شکل میں بشمول ویب سائٹ پر اَپ لوڈنگ کے لیے استعمال نہ کیا جائے۔ نیز اس کتاب پر کسی بھی قسم کے تنازع کو نمٹانے کا اختیار صرف حیدرآباد (تلنگانہ) کی عدلیہ کو ہوگا۔

© تعمیر پبلی کیشنز

کتاب	:	**نقش دوام** (رباعیات، قطعات)
مصنف	:	**صادق اندوری**
صنف	:	شاعری
ناشر	:	تعمیر پبلی کیشنز (حیدرآباد، انڈیا)
سالِ اشاعت	:	۲۰۲۵ء
صفحات	:	۴۸
سرورق ڈیزائن	:	تعمیر ویب ڈیزائن

فہرست

نقشِ دوام 4

نامۂ تمنّا 40

نقش دوام

(رباعیات)

جو میرا تاثر ہے مدامی ہو جائے
ہر لفظ تمنا کا پیامی ہو جائے
آمیزش رنگ تو میں کرتا ہوں مگر
اے کاش مرا نقش دوامی ہو جائے

***

آزاد ہوئے کھل گئے اپنے مقسوم
سمجھے ہیں غلط اس کا مگر ہم مفہوم
قانون بھی آخر ہے کوئی چیز اے دوست
قانون کو خود ہاتھ میں لینا معلوم

***

مذہب کے نگہبان کو مارا ہی نہیں
کافر نے مسلمان کو مارا ہی نہیں
حیوانوں نے مارا ہے کچھ انسانوں کو
انسان نے انسان کو مارا ہی نہیں

***

جذبات نمو سینۂ باطل میں نہیں
ہم راز ترا کوئی بھی محفل میں نہیں
تعمیر کی صورت کوئی نکلے کیوں کر
جو بات ہے تیری وہ کسی دل میں نہیں

***

ہر فرد کو ہو جو حس اخلاص نصیب
ہوتا نہیں انسان کا انسان رقیب
جب دل سے خلوص اور محبت اٹھ جائے
سمجھو کہ قیامت کے ہیں ایام قریب

***

سامان تسلی کے ہیں مفقود اے دوست
اسباب سکوں بھی نہیں موجود اے دوست
جب تک نہ ہو خوش حالی و تسکیں نفسی
جمہور کے آئین ہیں بے سود اے دوست

***

ہے فرقہ پرستی کی وبا عام وہی
ملتا ہے وفا داری کا انعام وہی
قانون تو ان گنت بنے ہیں لیکن
رفتار عمل کی ہے مگر خام وہی

***

تعمیر خدا ساز نہیں دب سکتی
اب کوشش پرواز نہیں دب سکتی
جمہور کی آواز دبانے والو
جمہور کی آواز نہیں دب سکتی

***

طے کر کے ہر اک بلند و پست آئے ہیں
میدان میں بھرتے ہوئے جست آئے ہیں
اے قوم کے جاں بازو تمہارے ہمراہ
فنکار بھی شمشیر بدست آئے ہیں

***

اب شاہ نشینوں سے اتر آیا ہے
شائستہ قرینوں سے اتر آیا ہے
میدان عمل میں جوش حب الوطنی
احساس کے زینوں سے اتر آیا ہے

***

انسان کو آزاد کیا ہے کس نے
وارفتۂ بیداد کیا ہے کس نے
میں پوچھتا ہوں تجھ سے ہی اے اہل نظر
آباد کو برباد کیا ہے کس نے

***

ہر کام کا خود کو اہل پایا ہم نے
ہر امر محال سہل پایا ہم نے
طے ہو چکی جب منزل علم و ادراک
اس وقت مقام جہل پایا ہم نے

***

یہ ذوق تلاش علم کھوتا ہے مجھے
ظلمت کے تموج میں ڈبوتا ہے مجھے
جب جہل سخن بدوش آتا ہے نظر
اک صدمۂ بے پناہ ہوتا ہے مجھے

***

ہر ظاہری انداز پہ کیوں مرتا ہے
واعظ کا کہا کرتا ہے، کیا کرتا ہے
اس کفر کو کر تلاش اے اہل نظر
جس کفر کا ایمان بھی دم بھرتا ہے

***

پستی و بلندی پہ حکومت میری
نظروں میں فرشتوں کی ہے عزت میری
ہوں خاک کا پتلا مگر اے اہل جہاں
کیا سمجھے گا انسان حقیقت میری
***

ہر لمحہ کو اپنے فائدہ مند بنا
خورسند ہو زندگی کو خورسند بنا
انسان اگر بننا ہے دنیا میں تجھے
افعال کو اقوال کا پابند بنا
***

آہوں کے جزیروں سے نکلتا ہوا راگ
بجھتے ہوئے انگارے کی سہمی ہوئی آگ

پیلی ہے شفق یوں سر دامان سپہر
بھکا ہوا جیسے کسی بڑھیا کا سہاگ

***

چھٹنے لگے ماحول کے تاریک سحاب
پیدا ہوئے پیری میں پھر انداز شباب
سورج کی کرن پھیلی ہے یوں وقت سحر
نو خیز دلہن جیسے الٹتی ہے نقاب

***

تصویر عجب آج نظر آئی ہے
اک روشنی مشرق پہ ابھر آئی ہے

دامن پہ افق کے جو ہے سرخی کی لکیر
تاروں کا لہو پی کے سحر آئی ہے

***

اے فتنۂ عہد شادمانی آ جا
اے میری گذشتہ زندگانی آ جا
کچھ دن تو لپٹ کے رولوں تجھ سے
میں تجھ پہ نثار اے جوانی آ جا

***

ہر لمحہ تجھے یاد کیا کرتا ہوں
تیرے ہی تصور میں رہا کرتا ہوں
فرقت کی اندھیری راتوں میں بھی اکثر
آہٹ ترے قدموں کی سنا کرتا ہوں

***

بجلی سی مرے دل میں اتر جاتی ہے
سر سے مرے موج غم گزر جاتی ہے
تھراتی ہے دنیائے تمنا صادقؔ
جب دوش پہ وہ زلف بکھر جاتی ہے

***

گمراہ کرنے والا مسافر تو ہے
دیوانہ بنانے والا ساحر تو ہے
صحرائے جنوں کا آفریدہ میں ہوں

پروردۂ آغوش مناظر تو ہے

***

فردوس تھا مجنوں کا بیاباں تجھ سے
تھا نجد کا ہر ذرہ گلستاں تجھ سے
دیکھی تھیں جو مجنوں نے رخ لیلیٰ پر
وہ جھلکیاں ہوتی ہیں نمایاں تجھ سے

***

جس سمت نگاہ شوق اٹھ جاتی ہے
ہر چیز میں اک جاذبیت پاتی ہے
جس وقت سے آنکھوں میں سمایا ہے تو
دنیا مجھے رنگین نظر آتی ہے

***

اک آہ مرے دل سے نکل سکتی ہے
ہاں حالت بیمار سنبھل سکتی ہے
جیسے کہ بدل گئیں وہ نظریں مجھ سے
دنیائے محبت بھی بدل سکتی ہے

***

ہاں اپنے تاثر کو نمایاں کر لوں
تکمیل محبت کسی عنواں کر لوں
صرف اک نگہ لطف پہ تیری اے دوست

جنت بھی اگر ملے تو قرباں کر دوں

***

تاروں سے بھی کچھ بڑھ کے درخشاں ہے حسن
مہتاب صفت جلوہ پہ داماں ہے حسن
سورج اسے دیتا ہے خراج تحسین
پروردۂ آغوش بہاراں ہے حسن

***

کہنے کو تو درد جاودانی ہے عشق
لیکن اک وجہ کامرانی ہے عشق
کیوں سینے سے اس کو نہ لگائے رکھوں
حقّا کہ متاع زندگانی ہے عشق

***

کوئی بھی اس منزل میں خوش کام نہیں
تکلیف کے ماسوا کچھ آرام نہیں
اک درد ہے بے نشان درماں یعنی
آغاز ہی آغاز ہے انجام نہیں

***

حاصل کر سرورِ جاودانی انجام
ہر سانس ہو تیری شادمانی انجام
اس عہد کو کر تلاش صادقؔ جس کا

آغاز جوانی ہو جوانی انجام

***

خوشبو کی طرح ہے پھولوں میں پنہاں دیکھا
شبنم کی طرح کبھی نمایاں دیکھا
پہنچی مرے دل کو ٹھیس جی چھوٹ گیا
جب حسن کو کانٹوں پہ خراماں دیکھا

***

ہر قسم کی تشنیع سنا کرتا ہے
پھر بھی تو وہ خاموش رہا کرتا ہے
اخلاص کا مارا ہوا بے چارہ حسن
بچپن سے تکالیف سہا کرتا ہے

***

افسوس کہ بے نوا پھرا کرتا ہے
افلاس میں مبتلا پھرا کرتا ہے
وہ حسن جو تھا تخت کی زینت کے لیے
مدت سے برہنہ پا پھرا کرتا ہے

***

سر چشمۂ صد رنج و بلا رہتا ہے
آماجگہِ الم بنا رہتا ہے
افلاس کا ہو برا کہ حسنِ معصوم
طوفان حوادث میں گھرا رہتا ہے

***

آواز ہے قدرت کی ترنم تیرا
رحمت کا پیام ہے تکلم تیرا
کلیوں کو بھی تزئین ہے تیری ضو سے
آئینۂ فطرت ہے تبسم تیرا
***

عارض سے چھلکتی ہے جوانی تیری
ماتھے پہ چمکتی ہے جوانی تیری
صورت تری در اصل ہے تصویر شباب
آنکھوں سے ٹپکتی ہے جوانی تیری
***

آنکھوں میں شراب ارغوانی توبہ
نظروں میں شرار دل ستانی، توبہ
رک جائے نہ کیوں نبض تمنائے حیات
سانچے میں ڈھلی ہوئی جوانی توبہ
***

جب عشق سے مانوس ہوا کرتا ہے
ہر آدمی مایوس ہوا کرتا ہے
دل سرد نظر اداس آنکھیں ویران
کچھ ایسا ہی محسوس ہوا کرتا ہے
***

ابرو ہیں کھنچتی ہوئی کمانیں توبہ
آنکھوں میں ہیں خونیں داستانیں گویا
ہوتے ہیں اشارے ترے الفاظ بہ دوش
غلطاں ہیں نگاہوں میں زبانیں گویا

***

ہر نقش نئی شان دکھاتا ہے مجھے
سو طور سے ہر ذرہ لبھاتا ہے مجھے
پھولوں کا تو کیا ذکر محبت کی قسم
"کانٹوں پہ بھی اب تو پیار آتا ہے مجھے"

***

اس وقت الگ ہیں مجھ سے راہیں ان کی
گردن میں حمائل نہیں باہیں ان کی
جب صبحِ نشاط چار آنکھیں ہوں گی
جھک جائیں گی شرما کے نگاہیں ان کی

***

سر تا بہ قدم حسن ازل کی تفسیر
صناعیِ قدرت کی مکمل تصویر
تو ہو متبسم تو کھلے دل کا کنول
گویا ہو تو بن جائے بگڑتی تقدیر

***

نظروں سے تری برق کا کوندا شرمائے
رخسار سے خورشید کی گرمی دب جائے
زلفوں کی سیاہی سے اندھیرا چونکے
ماتھے کی ضیا چاند کا سینہ برمائے

***

آنکھوں سے چھلکتے ہوئے کوثر کے جام
چہرے کی ضیا جیسے کہ فردوس کی شام
ہر لمحہ بدلتے ہوئے کافر انداز
دل چھیننے والا کشش انگیز خرام

***

آغوش میں تاروں کے جوانی جھولے
انگڑائی جو لے چاند کا دامن چھولے
قامت کا تری دیکھے جو ہنگام خرام
چال اپنی ہر اک فتنۂ محشر بھولے

***

سن لے جو کسی وقت ترے پاؤں کی چاپ
لو دینے لگے شمع وفا آپ ہی آپ
ڈوبی ہوئی نبضیں حرکت میں آ جائیں
ہوتا ہے عجب حسن و محبت کا ملاپ

***

کوشش یوں تو بار بار فرماتی ہیں
نظارہ سے مایوس پلٹ آتی ہیں
اونچا ہے کچھ اتنا بام ایوان جمال
نظروں کی کمندیں بھی الجھ جاتی ہیں

***

ہاں قوس قزح رنگ محل چومے ہیں
ماتھے پہ ابھرتے ہوئے بل چومے ہیں
اک برق رواں ہے مری ہر ہر رگ میں
جب سے تری آنکھوں کے کنول چومے ہیں

***

اے دوست کہوں کیا مجھے کیا چیز ملی

کچھ آگہیِ ذات کی تمئیز ملی
پایا ہے محبت نے شعور ہستی
جس دن مرے سر کو تری دہلیز ملی

***

پیغام خزان الوداعی تم ہو
آغاز بہار اجتماعی تم ہو
لب غنچے ہیں پھول آنکھیں گلستاں عارض
خیام کی اک طرفہ رباعی تم ہو

***

آسائش دنیا سے گریزاں ہوں میں
بے تاب ہوں مضطر ہوں پریشاں ہوں میں

کیا پوچھتا ہے مجھ سے مرا حال ندیم
تقدیر کا مارا ہوا انساں ہوں میں

***

خاموش ہے انسان کی فطرت خاموش
چپ چاپ ہی کہہ اپنی حکایت خاموش
الفاظ ہیں محدود، کہانی ہے بسیط
خاموش ہو اے زبانِ ہمت خاموش

***

جھک جائیں ستارے ماہ انور جھک جائے
جھک جائے شہپر شاہ خاور جھک جائے

پیدا تو کرے حسن خودی کوئی بشر
بندوں کا تو کیا ہے رب اکبر جھک جائے

***

آسودہ و کامیاب ہونا ہے تجھے
اس دہر میں لا جواب ہونا ہے تجھے
اے ذرہ صفت خاک پہ سونے والے
بیدار کہ آفتاب ہونا ہے تجھے

***

تو کس لیے مجنون ہے، معلوم نہیں
طرفہ ترا مضمون ہے معلوم نہیں
کرتا ہے مسرت میں بسر اپنی حیات

جینے کا بھی قانون ہے، معلوم نہیں !

***

اس راہ کے فاصلے کو ناپا ہے کبھی
منزل کا پتہ تو نے لگایا ہے کبھی
آغاز کے جلوؤں کے فدائی صادقؔ
انجام کے پرتو کو بھی دیکھا ہے کبھی

***

ہو دور کہ نزدیک ہر اک پہلو دیکھ
سادہ ہو کہ باریک ہر اک پہلو دیکھ
انسان ہے تو اپنی زندگی کا غافل
روشن ہو کہ تاریک ہر اک پہلو دیکھ

***

الفاظ کو دو تازہ معانی کا لباس
ہاں تیز کرو تیز زبان احساس
ماحول یہ کہتا ہے بہ آواز بلند
انسان کو انساں سے کرو رمز شناس

***

ہر کہنہ روایت کو مٹا دو بڑھ کر
بوسیدہ عمارات گرا دو بڑھ کر
چنگاری جو ابھری ہے پئے زیست اسے

احساس کے شعلوں سے ہوا دو بڑھ کر

***

(برائے عیدین)

احکام شریعت کو سمجھتا ہی نہیں
روزوں کی فضیلت تو سمجھتا ہی نہیں
پڑھتا ہے پئے حصول زر یوں قرآں
جیسے کہ قیامت کو سمجھتا ہی نہیں

***

مسرور ہو عید شادمانی آئی
ہاں ساعت کامراں زندگانی آئی
نادانوں کے بل پر یہ تملّق تیرا
جیسے کہ بڑھاپے میں جوانی آئی

***

دل تیرِ الم کا ہے نشانہ گویا
آیا ہے تڑپنے کا زمانہ گویا
مفلس کے لیے عید کا چاند اے صادقؔ
فطرت کا ہے اک تازیانہ گویا

***

زر داروں کے گھر ماہ صیام آ نہ سکا
اللہ کی رحمت کا پیام آ نہ سکا
وہ نشۂ دولت میں تو ہیں مست مگر
ان تک مئے تطہیر کا جام آ نہ سکا

***

سرمایہ پر ستوں کی عجب سج دھج ہے
ہر رنگ نشاط و عیش کا مخرج ہے
یوں جامہ سے باہر ہیں خوشی کے مارے
جیسے کہ یہ دن رو کشِ یوم حج ہے

***

فرقت کی تکالیف سہوں گا شاید
بے چینی کی روداد کہوں گا شاید
عشاق گلے ملیں گے مطلوبوں سے
میں سر بہ گریباں ہی رہوں گا شاید

***

کیا علم تھا عید اب کے بھی تنہا ہو گی
پوری نہ مرے دل کی تمنا ہو گی
گھر گھر ہے خوشی عید کی لیکن صادقؔ
مہجور ہوں میں، مجھ کو خوشی کیا ہو گی

***

ممبر پہ مدام دندنانے والو
دوزخ سے ہمیں عبث ڈرانے والو
ہے وقت کا اقتضا کہ قرباں ہو جاؤ
قربانی کے احکام بتانے والو

***

جنت کی بشارت کا شجر ہے یہ عید

مسلم کی عقیدت کا ثمر ہے یہ عید
ماہ رمضان کے شب گزاروں کے لیے
روزوں کی مشقت کی سحر ہے یہ عید

***

ایک ایک نفس کا محاسبہ کرتے ہیں ہم
بھوک اور پیاس کا مقابلہ کرتے ہیں ہم
حق روزوں کا کرتے ہیں ادا عید کے دن
اللہ سے اب معاملہ کرتے ہیں ہم

***

نامۂ تمنا

قطعات

(کلام منسوخ سے)

روئے تاب اک سفینۂ کمزور
کھیلتا جا رہا ہے طوفاں سے
قرب ساحل اگر ہے نا ممکن
تہ نشینوں میں جا کے مل جائے

***

تجھ کو اپنے وقار کی سوگند
کوئی بھی روگ زندگی کو نہ دے
کہتے ہیں جس کو غم جدائی کا
اے خدا دہر میں کسی کو نہ دے

***

درد اٹھتا ہے دل میں رہ رہ کر
جب کہ تیرا خیال آتا ہے
ضبط غم جس قدر بھی کرتا ہوں
تیرا غم اور بڑھتا جاتا ہے

***

تو جو دیتا ہے دے بقدر ظرف
حد سے زائد مگر کسی کو نہ دے
تجھ سے منہ موڑ لے جسے پا کر
ایسی دولت بھی آدمی کو نہ دے

***

قوم کے ہاتھوں میں آ جاتی ہے جس دم تلوار
انتظامات زمانہ میں خلل پڑتا ہے
رات کے گھور اندھیرے تو چھٹے جاتے ہیں
اک نئی صبح کا میداں میں علم گڑتا ہے

***

ہزار ارمان لاکھوں حسرتیں صدہا تمنائیں
بڑے سامان سے دور شباب فتنہ گر آئے
نہ پوچھ اے ہم نشیں مجھ سے نہ پوچھ اس وقت کا عالم
مسرت کی گھڑی آ کر یکایک جب گزر جائے

***

ڈگمگانے لگی تنظیم جہاں کی تعمیر
اک نئے دور کے امکان ابھر آئے ہیں
ایک طوفان تو کل ہم سے دبایا نہ گیا
آج تو سینکڑوں طوفان ابھر آئے ہیں

***

ہم میں ہو جائے گی گرمیِ عمل جب پیدا
خود بخود پاؤں کی زنجیر پگھل جائے گی
ختم ہونے دو ذرا خواب اسیران قفس
آنکھ کھلتے ہی ہر اک چیز بدل جائے گی

***

جان بے تاب چلی آئی لبوں پر کھنچ کر
اب چھلکنے کو ہے پیمانۂ ضبط اے ساقی
سرخ ڈورے تیری آنکھوں کے یہ کہتے ہیں مگر
ایک رنگین نیا دور قریں ہے ساقی

***

ٹائپنگ : مخدوم محی الدین

پروف ریڈنگ، ای بک کی تشکیل : اعجاز عبید